Fünf Brote und zwei Fische

Zum Titelbild:
Die Stelle der Speisung der Fünftausend in Tabgha am See Gennesaret
ist gekennzeichnet durch eine kleine Kirche aus dem 4. Jahrhundert.
Hier befindet sich zwischen der Apsis und dem Altar das berühmte
Fußboden-Mosaik, das zwei Fische und einen Korb mit Broten darstellt.

Bronzeplastik von Otto Münch: Die Speisung der Fünftausend.
Eine der 32 Bildtafeln der Bibeltür am Großmünster in Zürich.

Emma Elisabeth Frey

FÜNF BROTE und ZWEI FISCHE

Das Spiel einer Berufung

Günter Albert Ulmer Verlag

© Günter Albert Ulmer Verlag
Schwabenstraße 97
7036 Schönaich
Telefon 07031/50659

Autor:
Emma Elisabeth Frey
Dilsheimerstr. 7
8750 Aschaffenburg

Farbaufnahmen, Layout, Titel:
Günter A. Ulmer

Reproduktionen:
Repro Studio Noelle
Theodor-Heuß-Str. 32
7512 Rheinstetten-Forchheim
Telefon 0721/518031

Satz und Druck:
Druckerei F. Steinmeier
Reutheweg 31
8860 Nördlingen
Telefon 09081/3929

ISBN 3-924191-14-X

Zum Geleit

»Fünf Brote und zwei Fische«, das Spiel einer Berufung, entstand in der Nacht zum Allerheiligenfest 1975.

Dieses Spiel von Emma Elisabeth Frey, der langjährigen Freizeitheimleiterin in Aschaffenburg und ausgezeichnet mit dem Verdienstorden der Bundesrepublik, hat seinen Weg durch mehrere europäische Länder gemacht. Eine Gruppe von Nizza war beauftragt, es als Hinführung zum eucharistischen Weltkongress an vielen Orten aufzuführen.

In Frankreich waren bei einer Aufführung fünf Nationalitäten vertreten.

Aber nicht nur als Spiel einer Berufung, sondern auch als besinnliche, glaubensstärkende Lektüre kann es jedem, der sich ihr erschließt, zur inneren Stärkung und Wegweisung werden. So erreichte Frau Emma Elisabeth Frey eine Karte aus dem brasilianischen Urwald, wo ein ihr völlig unbekannter Missionar schrieb, daß gerade die Lektüre »Fünf Brote und zwei Fische« ihm über die lange Zeit seines Fleckfiebers hinweggeholfen habe.

Da der Glaube eine ganz persönliche Entscheidung und auch ein inneres Erleben ist, schließen wir uns dem Gedanken des Erlösers im Matthäus-Evangelium an: »Wer es fassen mag, der fasse es!«

Wir übergeben diesen Band der Öffentlichkeit mit dem Wunsch einer weltweiten Verbreitung.

Der Verlag

Zionsberg in Jerusalem mit Dormitio-Kirche

Jeder

der

gerufen ist

muß

gehen

MAN KANN IHM NICHTS

verweigern:

Nicht das BROT und nicht den FISCH.

AUCH NICHT SICH SELBST

Zu diesem Spiel sind aufgerufen:

Ein Junge, der Melchisedek heißt
Seine Eltern, die einen Bäckerladen besitzen
Ein Fischer vom See Gennesaret
Maria Magdalena
Der reiche Jüngling
Eine Samariterin am Jakobsbrunnen
Johannes, genannt der Täufer
Ein Hirte, der sein verlorenes Schaf suchen geht
Der Jünger Zachäus, der einmal Zöllner war

Zu diesem Spiel sind aufgerufen:

DU! DU! DU! IHR! WIR! ICH!

Zu diesem Spiel ist jeder aufgerufen:

Denn es möchte m e h r sein als ein Spiel

Brotverkauf an einem Stadttor von Jerusalem

Aufbruch

Der Junge MELCHISEDEK will durch
die Perlvorhänge des Bäckerladens heimlich
davonlaufen.
Seine Mutter bemerkt dies.

Mutter:	Melchisedek, mein Sohn, wo willst du hin?
Melchisedek:	Fort, Mutter!
Mutter:	Wohin: f o r t ?
Melchisedek:	IHM nach, meine Mutter.
Mutter:	Wem nach, Melchisedek?
Melchisedek:	IHM, den sie J e s u s nennen.
Mutter:	Den sie J e s u s nennen? Du meinst doch nicht den Sohn des Zimmermanns aus Nazareth?
Melchisedek:	W e r und w o sein Vater ist, das weiß ich nicht. Ich weiß nur, daß ich zu ihm m u ß
Mutter:	Und woher weißt du es?
Melchisedek:	E R hat es mir gesagt.
Mutter:	Melchisedek, er hat es dir gesagt? Bist du bei ihm gewesen?
Melchisedek:	Ich war nicht bei ihm, Mutter. ER war bei mir.
Mutter:	W a n n ist er bei dir gewesen, Melchisedek?
Melchisedek:	Heute, mitten in der Nacht.
Mutter:	Heute nacht warst du zuhause, mein Sohn. Er kann nicht bei dir gewesen sein.
Melchisedek:	Er ist bei mir gewesen!
Mutter:	Noch einmal sage ich dir: Nie und nimmer kann das sein. Heute nacht warst du hier, warst du zuhause.
Melchisedek:	Heute nacht war ich hier zuhause. – Ob ich es heute morgen noch bin, das weiß ich nicht.
Mutter:	Du sprichst so sonderbar, Melchisedek. Du träumst. Wach auf! Er war nicht hier. Keiner war hier. Keiner kann hier gewesen sein. Die Fenster waren geschlossen, der Riegel am Tor war vorgeschoben.

Melchisedek:	Man sagt gar wunderbare Dinge von IHM, Mutter. Blinde würden sehen, Lahme könnten plötzlich wieder gehen. Ja, sogar Aussätzige seien rein geworden durch IHN. Wer weiß, vielleicht öffnen sich vor IHM auch verschlossene Türen und vorgeschobene Riegel, wenn ER zu jemandem will. Und er wollte zu mir, Mutter! Er sprach mit mir.
Mutter:	Zwischen Sonnenuntergang und Sonnenaufgang, mein Sohn, spricht man höchstens mit seinem Freund.
Melchisedek:	Wer weiß, vielleicht bin ich SEIN F r e u n d. – Wie sehr wünschte ich, daß ER mein F r e u n d wäre.
Mutter:	Zwischen Sonnenuntergang und Sonnenaufgang, mein Sohn, kommt man höchstens mit einer BITTE zu einem anderen.
Melchisedek:	ER k a m mit einer BITTE zu mir, meine Mutter.
Mutter:	Um was denn hätte er dich gebeten? Hatte er H u n g e r ? Hatte er D u r s t ?
Melchisedek:	Vielleicht hatte er wirklich Hunger. Vielleicht hatte er wirklich Durst ... Hunger und Durst nach m i r. Doch jetzt bin i c h hungrig und es dürstet m i c h nach IHM, als hätte er Brot in Fülle. Als hätte er Ströme lebendigen Wassers.
Mutter:	Du träumst, Melchisedek. Du träumst! Wach auf!
Melchisedek:	Ich bin wacher denn je. In dieser Nacht wurde ich hellwach.
Mutter:	Du kannst ihn nicht gehört haben, mein Sohn.
Melchisedek:	Ich wollte IHN nicht hören, o meine Mutter. Aber, wenn ER ruft, dann m u ß man h ö r e n.

Melchisedek:	Zuhören. – Hinhören. Man muß aufstehen.
Mutter:	Und bist du aufgestanden, Melchisedek?
Melchisedek:	Ich bin es, Mutter. Ich bin sehr anders aufgestanden, als ich mich hinlegte.
Mutter:	Nun gut. Vielleicht hatte er wirklich Hunger, Melchisedek. Und da er wohl wußte, daß wir im Laden Deines Vaters Brot verkaufen, wollte er solches von dir haben.
Melchisedek:	Nein, aber nein! Er wollte kein B r o t. Er wollte m i c h !
Mutter:	Dein Geist ist verworren, mein Sohn.
Melchisedek:	O ja, mein Geist ist verworren. Und deshalb muß ich zu IHM.
Mutter:	Du kannst nicht zu ihm gehen müssen. Du gehörst in dieses Haus. Du gehörst zu uns, deinen Eltern.
Melchisedek:	Gestern, Mutter, glaubte ich das auch. Heute ist alles anders. Anders geworden in einer einzigen Nacht. Gehöre ich noch in dieses Haus? Gehöre ich noch euch? Gehöre ich noch mir selbst?
Mutter:	Besinne dich, Melchisedek! Was hat er genau zu dir gesagt?
Melchisedek:	Ich muß mich nicht erst besinnen, Mutter. Wenn ER einen ruft, wenn ER einen bittet, vergißt man das nie mehr. Er rief: »K O M M !«
Mutter:	Komm? – Das ist ja nicht einmal ein Satz, nur eine einzige Silbe. K o m m ! – Das ist sehr wenig.
Melchisedek:	Mutter, das ist sehr viel! Wenn E R sagt: » K O M M !« dann ist das vielleicht a l l e s ...
Mutter:	Deine Haut ist gerötet wie von Fieber. Deine Augen glühen wie im Fieber. Melchisedek, geh! Bade deinen Körper in Eselsmilch,

Mutter:	iß ein Stück Fladen, eingetaucht in Olivenöl. Dann wirst du vielleicht wieder gesund.
Melchisedek:	Ich bin gesund, Mutter. Und wäre ich krank, dann nur krank nach I H M. Und also müßte ich erst recht gehen. Laß mich gehen! Bitte, laß mich gehen!
Mutter:	Bleibe, Melchisedek, bleibe! Und schweige, damit dein Vater nicht hört, was du soeben deiner Mutter sagtest.
Melchisedek:	Wenn E R zu einem gesprochen hat, kann man davon nicht schweigen.
Vater:	Von was soll unser Sohn nicht reden dürfen, Frau?
Mutter:	Ach Mann, Melchisedek ist krank. Er behauptet, einer sei heute mitten in der Nacht bei ihm gewesen und hätte mit ihm gesprochen.
Vater:	Melchisedek, mein Sohn, w e r sollte um Mitternacht mit dir gesprochen haben? In der Nacht kommt man nur zu einem andern, wenn man einen unaufschiebbaren Auftrag für ihn hat. Einen Befehl. Vielleicht vom König.
Melchisedek:	Einen Auftrag, sagst du, Vater? Einen Befehl? – Es w a r ein BEFEHL! Es w a r ein AUFTRAG ! Es erging ein Befehl an mich in dieser Nacht. Ein Befehl des Königs? ... Wahrlich, mir war, der KÖNIG selbst hätte mir befohlen.
Vater:	Und was ward dir befohlen, mein Sohn?
Melchisedek:	So lautete der Auftrag: »KOMM! Steh auf und g e h!«
Mutter:	»Steh auf und geh« – Das war die Morgensonne, Mann! Der Vögel Sang, der ihn rief: »Steh auf und geh!«
Melchisedek:	Nein, Vater! Es war ein anderer!
Vater:	W e r war es, mein Sohn?

Mutter:	Sag es nicht, Melchisedek! Ich beschwöre dich: Sag es nicht deinem Vater!
Melchisedek:	Mutter, wer einen Auftrag hat, m u ß davon Zeugnis geben.
	Vater, es war d e r, den sie J E S U S nennen und von dem Mutter sagt, er sei der Nazarener.
Vater:	So hast du also auch von ihm gehört?
Melchisedek:	Vater, man erzählt sich von ihm, er sei ein großer Prophet.
Mutter:	Sohn, mein Sohn, sprich nicht weiter zu deinem Vater. Willst du unser Geschäft ruinieren? Willst du uns um Haus und Besitz bringen?
Vater:	Laß ihn, Frau. Die Fenster sind verschlossen, und die Türen sind noch verriegelt.
	Ein Prophet, sagst du, mein Sohn? Man sagt noch mehr von ihm. Man sagt von ihm, er sei der GOTTGESANDTE, der M E S S I A S !
Mutter:	Jahve, steh uns bei! Mein Mann, wohin bringst du dein Weib? Sohn, wohin bringst du deine Mutter?
Vater:	Beruhige dich, Frau. Ich bin diesem Wahn ja nicht verfallen. Und auch Melchisedek wird wieder nüchtern denken, ist es nur erst Tag.
Melchisedek:	Vater, es ist ja schon Tag! Es ist hell-lichter Tag und ich muß gehen. Ich darf nicht zu spät kommen. Ich muß IHM gehorchen.
Mutter:	Du mußt nur deinen Eltern gehorchen, Melchisedek.
Vater:	Deinen Eltern und unserem Gott Jahve.
Mutter:	Was ist dir?
Melchisedek:	Da ist wieder seine Stimme.

Vater:	Wir sind so nahe bei dir. Wir müßten ihn hören, spräche er zu dir.
Melchisedek:	Nicht jeder, zu dem er spricht, wird ihn hören. Aber ich d a r f IHN hören. Ich darf IHN n i c h t überhören.
Mutter:	Und was sagt er dir, mein Sohn?
Melchisedek:	Wenn ich es euch sage, wird es euch schmerzen. Wenn ich es euch nicht sage, werdet ihr nicht verstehen können, daß ich gehen m u ß.
Vater:	So befehle ich dir, kraft meiner väterlichen Autorität, zu reden. Melchisedek, sage uns denn, was hat er zu dir gesprochen?
Melchisedek:	Er sagte und er sagt: »Wer Vater und Mutter mehr liebt als mich, ist meiner nicht wert.« Also muß ich heute gehen, obwohl ich gestern noch nicht gehen wollte.
Vater:	Wohin wird er dich aber führen, mein Sohn?
Melchisedek:	Wie kann einer wissen, wohin er von IHM geführt wird?
Vater:	Man sagt, er ginge oft in die Wüste.
Mutter:	Mein Sohn, die Wüste ist voller Trockenheit. Die Wüste kann unheimlich sein. Die Wüste kann sehr einsam sein.
Melchisedek:	Wenn E R mit geht in die Wüste, ist m e i n e Wüste eine O a s e.
Vater:	Man sagt, er führe oft aufs Meer hinaus, nicht bedenkend, wie stürmisch die Wellen sein können. Er gäbe Auftrag zum Fischfang zu ganz ungewöhnlicher Stunde. Oft schon seien jene, die sich seine Schüler nennen, in Lebensgefahr gewesen.
Melchisedek:	Wenn E R mit mir im Boote ist, bange ich nicht vor dem Sturm.

Mutter:	Man sagt, daß er manchesmal verspottet wird, verhöhnt, verlacht. Und die Seinen auch.
Melchisedek:	Wenn E R mir zulächelt, fürchte ich nicht das Gelächter der anderen. Wenn E R mich ernst nimmt, macht mir der Spott anderer nichts aus. Wenn E R mich annimmt, bedrückt es mich nicht, wenn andere mich verstoßen. Ich m u ß zu IHM! Ich m u ß IHM nach!
Mutter:	Wann wirst du wieder kommen?
Melchisedek:	Vater, Mutter, weiß ich es denn? Werde ich je wieder kommen? Kann man die Wege überhaupt zurückgehen, die uns zu IHM führen?
Vater:	Mein Sohn, tu das, was du glaubst, tun zu müssen.
Mutter:	Wehe uns!
Melchisedek:	Mutter, sag lieber: Heil uns! Ich kann nicht anders. Wer gerufen ist, wer von IHM gerufen ist, m u ß gehen!
Vater:	Vielleicht wird dein Weg sehr weit sein.
Mutter:	Vielleicht wirst du in der Wüste Hunger bekommen. Nimm wenigstens etwas mit auf den Weg.
Melchisedek:	Etwas mitnehmen auf den Weg ... Ja, deinen SEGEN, mein Vater. Deine UMARMUNG, o Mutter.
Vater:	Melchisedek, wie könnte ich dich segnen zu einem Vorhaben, von dem ich nicht weiß, ob es dir Glück oder Unglück bringt?
Melchisedek:	Mein Vater! Darüber kannst du ohne Sorge sein. Und brauche ich nicht zu beidem deinen Segen: Zu Glück und Unglück?

Vater: So segne dich Jahve,
der Gott unserer Väter.
Er lasse sein Antlitz
über dir leuchten
und gebe dir seinen Frieden.

Melchisedek: Deine Umarmung, meine Mutter!

Mutter: Was nützt es, etwas zu umarmen,
das man lassen muß?

Melchisedek: Die Umarmung,
in liebendem Verzicht vollzogen,
vermag vielleicht heimatliche
Geborgenheit zu schenken
in Stunden, da man um der Berufung
und um des Gehorsams willen
ausgeliefert ist
an Einsamkeit und Verlassenheit.

Mutter: Mein Sohn, wähl immer aus,
was du als Wegzehr mitzunehmen gedenkst.

Melchisedek: Danke, Mutter!
Es kann nicht viel sein, auch,
oder gerade, wenn der Weg weit ist.
IHM kann man wohl kaum
mit viel Balast behängt, nachgehen.

Mutter: Nimm wenigstens fünf Gerstenbrote mit.

Melchisedek: Das will ich gerne tun.
Und wenn ich sie verzehre,
will ich der Hände gedenken,
die sie gebacken haben.
Will ich derer liebend gedenken,
an deren Tisch ich niemals Mangel litt.
Will ich bedenken,
wo ich zuhause sein durfte,
bevor SEIN Ruf mich erreichte.

Sonnenaufgang am See Gennesaret

Der Fischer

Der Junge MELCHISEDEK trifft
auf seiner Wanderschaft einen
Fischer, der alle seine Freunde
an Jesus verlor.

Melchisedek:	Jahve sei mit euch, Herr!
Fischer:	Danke! Und auch mit dir, mein Sohn! Aber wo kommst du her, so allein des Wegs. Wo willst du hin? Wie heißest du?
Melchisedek:	Das sind viele Fragen auf einmal, Herr.
Fischer:	Ich kann sie dir der Reihe nach wiederholen: Also, wo kommst du her?
Melchisedek:	Von zuhause, Herr.
Fischer:	Und wo gehst du hin?
Melchisedek:	Nach Hause.
Fischer:	Und wie heißest du?
Melchisedek:	M E L C H I S E D E K nannten mich meine Eltern.
Fischer:	Sie nannten dich so? Tun sie es nicht mehr? Sind sie gestorben?
Melchisedek:	Sie leben noch. Aber ich habe sie verloren.
Fischer:	Dann hast du das Größte verloren, was es in deinem Leben gibt.
Melchisedek:	Es gibt noch Größeres, Herr. Aber ich finde es nur, wenn ich das Große hingebe.
Fischer:	Du bist noch sehr jung. Aber du sprichst sehr erwachsen. Und was ist das Größere, das du finden willst?
Melchisedek:	D e r Größere, Herr! Er ist der, den sie JESUS von Nazareth nennen. Kennt ihr ihn etwa? Ist Jesus hier vorbeigekommen? Man sagt, daß er oft mit den Seinen hinausfährt auf den See zum Fischen. Herr, wenn ihr ihn gesehen habt, so sagt mir bitte, wo er hinging.
Fischer:	Jesus von Nazareth, sagst du?
Melchisedek:	Ihr kennt ihn also?

Fischer:	Ich kenne ihn. Er hat mir alle meine Freunde genommen. Hier, sich die Boote am Ufer. Früher fuhren wir gemeinsam hinaus, Nacht um Nacht. Oft war unser Fang spärlich, manchmal war er auch gut. Aber als E R uns hinauszufahren gebot zu ungewohnter Stunde, die uns, erfahrene Fischer, völlig ungeeignet erschien, da zerrissen fast die Netze. So viele Fische hatten wir noch nie gefangen. Danach brauchte der Nazarener meine Freunde nur anzuschauen, einen nach dem andern: Simon und seinen Bruder, den Andreas; die Söhne des Zebedäus Jakobus, dessen Bruder Johannes. Sie ließen ihren Vater Zebedäus mit ihren Brüdern im Boot, und sie folgten ihm nach. Sie konnten nicht widerstehen. Sein Blick hat sie fasziniert. Es ging eine Macht von ihm aus, die war wie eine magische, wie eine Zauberkraft. Er brauchte nur zu sagen: K O M M ! Und sie ließen alles und folgten ihm nach.
Melchisedek:	Ihr aber, ihr ginget nicht mit ihm? Hat er euch nicht auch gerufen, nicht auch angeschaut?
Fischer:	Das ist es ja eben, Junge. Ich glaube, er hat mich gerufen, er hat mich angeschaut. Aber ich wollte auf Nummer sicher gehen. Man kann doch nicht einfach ins Ungewisse laufen. Sozusagen über Nacht alles aufgeben: Heim, Weib, Kind, Beruf und somit sein Einkommen. Man kann das doch nicht, Junge. Man tut so etwas doch nicht. Meinst du das nicht auch? Nur weil einmal die Netze prallvoll waren, als er den Auftrag zum Fischen gab.

Melchisedek:	Und ihr habt nicht bereut, daß ihr nicht tun konntet, wie die anderen taten?
Fischer:	Ach Junge, was nützt verspätete Reue? Vielleicht, ja wahrscheinlich läge jetzt auch mein Boot verlassen hier am Ufer. Aber da war einer, Judas Iskariot nannten sie ihn, von dem hörte ich, daß er die Kasse verwalte. Ich sagte dir ja, ich wollte auf Sicherheit gehen. Ist das nicht mein gutes Recht? Ist es nicht ein Gebot der Klugheit? –
	Was sagst du Junge?
Melchisedek:	Ich sagte nichts. Ich höre.
Fischer:	Das ist es ja eben. Du sagst kein Wort. Also klagst du mich an.
Melchisedek:	Nicht ich, Herr, ihr selbst seid euer eigener Ankläger ... Doch ihr sprecht vom Kassenverwalter des Nazareners.
Fischer:	Ach ja. Ich ging auf ihn zu, nahm ihn ein wenig abseits und frug geradeso heraus: Wie ist das mit eurem Verdienst? Zahlt er gut, euer Meister? Leidet man keine Not, wenn man ihm folgt? Ist es ein günstiges Tauschgeschäft, den Fischfang hier aufzugeben und sein Gefolgsmann zu werden?
Melchisedek:	Und stand er euch Antwort, Herr, dieser Judas?
Fischer:	Junge, das ist es ja eben. Er gab mir Antwort, aber anders, als ich sie erwartete. Hätte er mir besseren Bescheid gegeben, hätte er wenigstens begeistert von seinem Meister gesprochen, du würdest mich hier nicht mehr treffen.
	Stell dir vor: alle, die ihm folgen und die er Apostel oder Jünger nennt, haben nur eine gemeinsame Kasse. Wo gibt es das sonst noch unter gestandenen Mannsleuten? Keiner von ihnen hat mehr als die anderen.

Fischer:	Und dann sagte dieser Iskariot, wenn ihnen unterwegs arme Leute begegnen, würde der Nazarener befehlen, in die Kasse zu greifen und zuerst die anderen zu speisen, bevor sie selbst essen dürfen.
Melchisedek:	Und Jesus? Ißt der denn auch nicht?
Fischer:	Genauso frug ich auch, Junge. Genauso, mit den gleichen Worten. Doch darauf der Judas: Ach, der Meister! Er sagte einmal, als ich ihm über meine Sorgen und meinen Ärger über die fast leere Kasse sprach: »Seht doch die Vögel am Himmel! Keiner sät. Keiner erntet. Aber mein himmlischer Vater ernährt sie. Was macht ihr Ängstlichen euch also unnütze Sorgen? Ihr seid doch viel mehr denn die Vögel und jegliches Getier.«
Melchisedek:	Ein schönes, ein großes Wort, Herr!
Fischer:	Was nützen Worte, wenn der Magen hungert? Und als sich auch noch andere für seine Nachfolge entschieden und wissen wollten, wo er denn eigentlich wohne, rief er ihnen beim Weitergehen zu: »Ein Fuchs hat seine Höhle, ein Vogel sein Nest. Der Menschensohn aber hat nicht, wohin er sein Haupt legen kann.« Und in solche Ungewißheit sollte ich mich wagen?
Melchisedek:	Vielleicht hätte sich das Wagnis gelohnt!
Fischer:	Vielleicht ... vielleicht auch nicht. Du mußt doch zugeben, das Risiko scheint doch etwas zu groß. Bevor man den Preis bezahlt, muß man wissen, was man dafür bekommt. Übrigens, dieser Judas scheint mir der Schlaueste von allen zu sein. Er warnte mich: Der Spatz in deiner Hand, sagte er, ist dir sicherer als die Taube auf dem Dach. Noch kannst du dich frei entscheiden. Noch kannst du seinem Blick und seinem Ruf widerstehen.

Fischer:	Wenn man aber erst einmal das Tor hinter sich zugeschlagen und die Brücken abgebrochen hat, gibt es kein Zurück.
	Hätte ich doch noch einmal zu wählen, meinte der Iskariot. Wenn man sich aber mit ihm eingelassen hat, kommt man nicht mehr von ihm los. Ein paarmal schon versuchte ich davonzulaufen, aber man ist an ihn gekettet. Es ist, als sei mein Leben völlig in seine Lebensaufgabe mit eingeplant. Als hätte ich selbst einen Auftrag, den ich nur in seiner Nähe erfüllen kann, sagte dieser Judas.
	Und nun frage ich dich, Junge, hättest du nach solchen Worten, auf solche Warnung hin noch den Mut gehabt zu gehen?
Melchisedek:	Ich weiß es nicht. Ich kann es euch nicht sagen. Ich bin nicht ihr, ihr, Herr, seid nicht ich. Aber vielleicht hättet ihr doch gehen sollen. Sicherheit – verzeiht, Sicherheit gegen Wagemut zu setzen, scheint mir nicht Männersache.
	Ich bin noch ein K I N D. Aber ich stand auf, als ER mich rief. Ihr seid ein M A N N , und euch hat er sogar angesehen, und dennoch seid ihr geblieben.
Fischer:	Für ein Kind gibt es noch nicht viel zu lassen. Als Mann aber hat man seine Erfahrungen und Enttäuschungen, und das macht vorsichtig.
Melchisedek:	Als Kind läßt man nicht vieles hinter sich. Aber man gibt dafür auch alles, was noch vor einem liegt. Ihr habt wohl schon die Hälfte eures Lebens erreicht. Ihr konntet sie gestalten nach eurem eigenen Willen und Gutdünken. Die Gestaltung meines Lebens aber überlasse ich völlig Ihm. Ihm allein will ich verfügbar sein. Soll man dem, den man liebt, nur den bitteren Rest aus der Kelter, nur die späten Jahre seines Lebens schenken?

Fischer:	Du l i e b s t ihn also! Das ist wohl der Unterschied zwischen uns beiden. Ich habe ihn wohl nicht geliebt. Um des reichen Fischfanges willen ihn zu lieben, wäre wohl Torheit gewesen. Aber ihn um seines Blickes, um seines Wortes willen lieben, das hätte ich tun sollen.
Melchisedek:	Eines prallgefüllten Fischernetzes wegen würde auch ich ihn kaum zu lieben vermögen. Aber seine Stimme, sein Wort, befehlend und doch Freiheit gewährend, – Seine Bitte: »K O M M!«
Fischer:	Den Fischfang nahm er wohl nur als ein Zeichen. Er sagte nämlich so: Zu Menschenfischern werde ich euch machen. Und dann schaute er mich an. Junge, Junge, w i e er mich ansah! Das war mehr als ein Zeichen. Da meinte er m i c h! Mich ganz persönlich! Heute weiß ich es, und ich habe es wohl auch schon damals gewußt, aber nicht wissen, nicht wahrhaben wollen. Ich habe versagt. Ich ließ seine Liebe ohne Antwort. Und Schlimmeres gibt es wohl nicht, Junge, als eine unbeantwortete Liebe.
Melchisedek:	Eure Rede macht mich so traurig, Herr. Ich hätte euch nicht an den Nazarener erinnern sollen.
Fischer:	Es ist nicht deine Schuld. Alles, alles hier erinnert mich an ihn: Die leeren Boote, die Netze, das Wasser ... Einmal ist er sogar auf den Wellen dieses Sees hier gegangen, als schritte er über festes Erdreich. Er kann einfach a l l e s! Warum konnte er dann mit seinem Blick nicht auch m i c h zu sich reißen?
Melchisedek:	Vielleicht spürte er eure Angst, eure Ablehnung, eure Berechnung. Vielleicht will er niemanden zwingen. Vielleicht will er jedem die Freiheit der Entscheidung lassen, weil Liebe ein GESCHENK sein muß.

Fischer:	Junge, du sprichst, als wärest du bei Ihm in die Schule gegangen.
Melchisedek:	Wenn ich ihn gefunden habe, soll E R ganz allein der Lehrmeister meines Lebens sein.
Fischer:	So darf ich dich wohl nicht länger hierbehalten. Soll ich dir und mir einen Fisch braten, damit du nicht hungrig bist auf deinem Weg?
Melchisedek:	Habt Dank für das gastliche Angebot! Doch ich möchte lieber gleich gehen. Mich hungert ja nur noch nach I H M !
Fischer:	So bitte ich dich, wenigstens diese beiden Fische mit auf deinen Weg zu nehmen. Man kann ja nie wissen, wie lange und wie weit du noch wandern mußt.
Melchisedek:	Dank Euch! Ihr habt ein gütiges Herz.
Fischer:	Ich habe ein schwaches Herz, Junge.
Melchisedek:	Vielleicht, Herr, vielleicht kommt der Nazarener noch ein zweites Mal an den See zurück und schaut euch ein zweites Mal an.
Fischer:	Hättest du Recht! O hättest du doch nur Recht! Ich will seiner warten gleich Jungfrauen, die selbst um Mitternacht noch für ihren geliebten Bräutigam bereit sind.

Olivenbäume aus der Zeit Jesu im Garten Getsemani

Maria Magdalena

Der Junge MELCHISEDEK
unterhält sich mit einer
Frau,
MARIA von MAGDALA genannt.

Melchisedek:	Frau, sucht ihr etwas?
Maria:	Ich bin immer am Suchen.
Melchisedek:	Und w a s sucht ihr, Frau?
Maria:	Das ist schwer zu sagen. Manche nennen es GLÜCK. Andere nennen es LIEBE.
Melchisedek:	Ist denn beides nicht das gleiche?
Maria:	Ich weiß es nicht. Ich kann es dir nicht sagen. Ach, könnte ich es dir sagen!
Melchisedek:	Ihr seid also ungeliebt, Frau? Ihr seid unglücklich?
Maria:	Du stellst sonderbare Fragen, Junge. Doch wie komme ich überhaupt dazu, dir Red' und Antwort zu stehen?
Melchisedek:	Vielleicht, Frau, daß ihr spürt, daß auch ich unterwegs bin, das Glück zu suchen, die Liebe zu finden.
Maria:	Die L I E B E ! – Wie viel, wie oft schon habe ich geliebt. Aber glücklich? Glücklich bin ich nie gewesen.
Melchisedek:	Ihr habt geliebt, Frau? Aber seid ihr auch geliebt worden?
Maria:	Wie sprichst du nur? Du bist fast noch ein Kind. Wie könntest du mich verstehen?
Melchisedek:	Vielleicht lernt man es leichter, a n d e r e zu verstehen denn sich selbst. Vielleicht auch ist es gar nicht wichtig, sich selbst zu verstehen. Wenn jeder den anderen verstünde, wäre jeder verstanden.
Maria:	Du versetzt mich in Staunen. Junge, du hast viel Verstand. Ich aber bin eine Frau, und also hab ich ein Herz.
Melchisedek:	Ein Herz zu haben, ist etwas sehr Schönes, Frau. Mein Vater hat einen großen Verstand, und also verehre ich ihn.

Melchisedek: Meine Mutter aber hat ein großes Herz,
und also muß und darf ich sie lieben.
Wenn ihr also ein Herz habt, gute Frau,
dann seid ihr sicher sehr geliebt
und könnt eigentlich nicht unglücklich sein.

Maria: Geliebt? Bin ich geliebt?
Bin ich jemals geliebt worden?
Die Umarmungen jener Männer,
die ich besaß,
oder besser, die m i c h besaßen –
war das L i e b e ?
Wollten sie mein H e r z ?
Sie wollten meinen Körper.
Und deshalb wohl
konnte ich nie glücklich sein.
Der Rausch der Sinne ist anders
als die Trunkenheit des Herzens.

Doch wehe mir!
Ich sprech dir von Dingen,
die du noch nicht begreifst,
noch nicht begreifen darfst
und hoffentlich niemals begreifen wirst.

Melchisedek: Es tut euch leid, Frau, mit mir gesprochen
zu haben?
Ich werde mir Mühe geben,
eure Worte zu vergessen.

Maria: Wer weiß, vielleicht sollst du sie
gar nicht vergessen.
Vielleicht können sie dir einmal helfen,
anders, besser, reiner zu lieben
als andere,
reiner und schöner als ich.

Melchisedek: Habt ihr denn Sehnsucht nach solcher Liebe?
Nach solchem Geliebtwerden?

Maria: Sehnsucht?
Vielleicht war diese Sehnsucht in mir
bei allen Umarmungen, die nicht schenkten,
sondern forderten,
die nicht zu geben wünschten,
sondern zu besitzen begehrten.
Vielleicht hatte ich solche Sehnsucht
bei allen Küssen, die wie Feuer brannten,
aber die Wohltat einer innigen Zärtlichkeit
vorenthielten.
Vielleicht hatte ich immer solche Sehnsucht
auch in den Stunden des größten Sinnen-
rausches, in d e n Stunden, die eigentlich
hochzeitliche, festliche Stunden des
Herzens hätten sein sollen.

Melchisedek: Nun muß ich euch aber doch gestehen,
daß ich diese Dinge nicht verstehe.

Maria: Das ist gut, mein Junge.
Das ist sehr gut.
Mögest du sie nie verstehen lernen!

Melchisedek: Da ihr mir solches wünscht, Frau,
habt ihr wohl doch ein sehr gütiges Herz.
Ihr könntet meine Mutter sein.

Maria: Ich könnte deine MUTTER sein? –
Wäre ich deine SCHWESTER!
Den Blick so leuchtend rein wie der deine.
Die Lippen unberührt wie die deinen.
Der Leib noch aufbewahrt für den
Freudentag liebender Vermählung.

Melchisedek: Gibt es denn keinen Weg
für euch zurück, Frau?

Maria: Es gibt keinen!

Melchisedek: Wenn euch kein Weg zurückführen kann,
gibt es vielleicht einen neuen Weg
zu einem wirklichen Glück,
zu einer reinen Liebe?

Maria: Gäbe es einen solchen!
Aber man müßte dann alles Gewesene
abtun können.

Melchisedek: Und man kann es nicht?

Maria: Selbst kann man dies wohl kaum.
Es müßte einer kommen,
der einem Versagen und Schuld abnimmt
wie einen lästiggewordenen Mantel.
Der einen neu macht mit seiner
selbstlos-reinen Liebe.

Melchisedek: Und es gibt keinen solchen?

Maria: Es gibt einen, von dem sie sagen,
daß er Sünden vergibt.
Er soll Taube hörend gemacht
und Stummen die Sprache neu geschenkt
haben. – Das ist viel.
Aber wenn er wirklich Sünden vergeben kann,
dann ist dies mehr!

Was ist dir, Junge?
Du siehst plötzlich aus wie einer,
der träumt.

Melchisedek: Frau, von IHM, den ihr meint,
liegt ein Traum in meinem Herzen.

Melchisedek:	Ich sagte euch, daß ich unterwegs bin, das Glück meines Lebens, die Liebe meines Herzens zu suchen. ER ist es, von dem ihr mir sprecht. Es ist JESUS von Nazareth!
Maria:	Du kennst seinen Namen?
Melchisedek:	Ich kenne seinen Namen, seit er mich beim Namen rief. Alle, die ich unterwegs traf, kannten und kennen seinen Namen.
Maria:	Ich kenne ihn auch. Aber ich kenne ihn anders als du. Du suchst ihn in der Reinheit deiner Jugend, am Morgen deines Lebens. Ich suche ihn in der Schuld meines Weibseins, in der Nacht meiner Bosheit und Geilheit.
Melchisedek:	Vielleicht ist es größer, ihn so zu suchen wie ihr, Frau.
Maria:	Wie sollte dies größer sein?
Melchisedek:	Für euch gilt es wohl mehr zu lassen als für mich. Und wer mehr läßt um seinetwillen, wird wohl auch reicher beschenkt. Euch fällt es schwerer denn mir zu lieben, noch einmal und trotzdem zu lieben, da ihr so oft in eurer Liebe enttäuscht wurdet. Ich gehe nur von Liebe zu Liebe auf einer geraden Straße. Ihr aber geht über die Hügel und Berge eurer Schuld auf ihn zu. Eure Liebe muß größer und kühner sein als die meine. Und da ihr so viel liebt, wird euch wohl auch viel vergeben werden. Die Morgenröte ist am köstlichsten für den, dem die Nächte am dunkelsten waren.
Maria:	Wie sprichst du nur?
Melchisedek:	Ich spreche nicht. Es spricht aus mir heraus.
Maria:	Heil dir, daß du zu ihm unterwegs bist!

Melchisedek:	Heil allen, die zu IHM unterwegs sind! Und wollt ihr nicht mit mir kommen, Frau?
Maria:	Den einen ist es gegeben, ihm entgegenzugehen. Anderen ist es vielleicht aufgetragen zu warten. Zu warten, bis ER ihnen entgegenkommt.
Melchisedek:	Ich sehe darin keinen Unterschied, Frau. Man kann nicht auf ihn warten, und man kann ihm nicht entgegengehen, wenn ER uns nicht gerufen hat. Immer ist ER also der KOMMENDE.
Maria:	So gehe deines Weges. Und wenn du IHN siehst, sage ihm, ich würde seiner warten, daß er sich über mich erbarmt.
Melchisedek:	Vielleicht sehnt er sich bereits nach euch, wie eure Sehnsucht nach ihm begehrt. Einmal, als meine Mutter mich nicht in ihrer Nähe wähnte, hörte ich sie laut aus einem Buche lesen. Es war mehr ein Singen als ein Sprechen: »Nach deiner Schönheit sehnt sich der König. Er will dich legen wie einen Ring an seine Hand, wie ein Siegel an sein Herz.« Später, als ich sie nach jenem Buch zu fragen wagte, sagte meine Mutter leicht errötend, es sei das »HOHE LIED DER LIEBE« gewesen, das sie vor sich hinsang.
Maria:	O, daß auch mein Leben zum Hohen Lied der Liebe werden dürfte! Seine Barmherzigkeit kündend von Geschlecht zu Geschlecht.
Melchisedek:	Ich wünsche euch solches sehr herzlich, Frau.
Maria:	Maria von Magdala nennen sie mich.
Melchisedek:	Der Name hat einen guten Klang!
Maria:	Da irrst du, mein Junge. Mein Name? Daß E R ihn einmal ausspräche! Anders ausspräche als die anderen! Es würde mir ein Festtag sein, so,

Maria:	als riefe mich einer am Sabbatmorgen inmitten eines blühenden Gartens beim Namen. Ich würde jubelnd in die Knie sinken, IHN zu umfassen und festzuhalten für alle Zeit. Demütig und des Dankes voll möchte ich immer wieder stammeln: »RABBI, MEISTER, DU!«
Melchisedek:	Wie sehr wünsche ich euch ein solches Fest herbei.
Maria:	Du mußt gehen, Junge!
Melchisedek:	Frau, ihr habt mich beschenkt mit eurem Vertrauen. Gerne möchte auch ich euch etwas geben. Doch ich habe nichts als dieses Brot von zuhause. Meine Mutter gab es mir mit auf den Weg.
Maria:	Deine Mutter weiß also, daß du unterwegs bist? Deine Mutter ließ dich gehen? Wie konnte sie nur?
Melchisedek:	Sie ließ mich gehen, wenn auch unter Tränen und Schmerzen. Mutterliebe will wohl immer nur das Glück ihres Kindes.
Maria:	Was selbstlose Mutterliebe dir schenkte in der Stunde bitteren Hergebens und Abschiednehmens, darfst du nie und nimmer teilen mit dem Egoismus einer Dirne.
Melchisedek:	Sprecht nicht so, meine SCHWESTER! Maria von Magdala, nehmt!
Maria:	Ob du auch dies verstehen kannst, daß ich mich von keinem Erdensohn mehr beschenken lassen will, bevor ich nicht die Beschenkte des Menschensohnes wurde?
Melchisedek:	Ich will versuchen, euch zu verstehen. So lebt denn wohl und wisset: Ich sehne die Stunde der Begegnung mit IHM nicht weniger herzlich für euch herbei als für mich.

Überreste der Synagoge von Kapharnaum, der »Stadt Jesu«

Der reiche Jüngling

Der Junge MELCHISEDEK
erfährt vom REICHEN
JÜNGLING, warum dieser
Jesus nicht nachfolgen
konnte.

Melchisedek:	Ihr seid traurig, Herr?
Reicher Jüngl.:	Ich werde niemals mehr fröhlich sein.
Melchisedek:	Das sagt ihr so dahin.
Reicher Jüngl.:	Ich sage es, weil es die Wahrheit ist.
Melchisedek:	Die Wahrheit, verzeiht mir Herr, die Wahrheit ist doch nur dies: daß die Sonne nur untergeht, um wieder neu aufzugehen. Der Sterne Leuchten sieht man nur auf dunklem Grund.
Reicher Jüngl.:	Meine Sonne, meine Sterne sind für immer erloschen.
Melchisedek:	Ihr redet wie ein müde gewordener Greis. Ihr seid doch ein Jüngling in den besten Mannesjahren.
Reicher Jüngl.:	Ich habe mein Leben verspielt. Darüber bin ich alt geworden.
Melchisedek:	Ihr hättet euer Leben verspielt? Nie und nimmer kann das sein, Herr. Das Leben ist kein Spiel! Es ist Ernst.
Reicher Jüngl.:	Es ist ein ernstes Spiel, Junge. Für manchen wird es zur Tragödie. Jedem ist seine Rolle zugewiesen, und auf die Sekunde genau hat sein Auftritt zu erfolgen. Als m e i n Auftritt gefragt war, habe ich versagt, habe ich kläglich versagt.
Melchisedek:	Ich verstehe nicht, wie ihr solches meint. Ich sehe nur, ihr tragt kostbare Gewänder, wie es nur die Vornehmsten unseres Landes tun. Die Ringe an euren Fingern glänzen in purem Gold. Gürtel und Schnallen sind perlenbesetzt und smaragddurchwoben, wie es sich nur wenige leisten können. Eure Hände sind sehr gepflegt und also harter Arbeit ungewohnt. Euer Körper verrät Sattsein, und eure faltenlose Stirne dies, daß ihr nie Sorge tragen mußtet ums tägliche Brot.

Melchisedek:	Es muß euch also leicht fallen, Herr, fröhlichen Herzens zu sein, die Spatzen pfeifen zu lassen und Gutes zu tun.
Reicher Jüngl.:	Gutes tun – wie meinst du das?
Melchisedek:	Nun ja, daß ihr von eurem Überfluß jenen abgebt, die darben. Daß keiner in eurer Nähe hungern muß, weil ihr ja brüderlich mit ihm teilt. Daß ihr nie erfahren müßt, was Einsamkeit ist, weil eure Güte und eure Gaben euch ständig neue Freunde erwerben. Wahrlich, mir ist, Herr, euer Glück muß vollkommen sein.
Reicher Jüngl.:	VOLLKOMMEN? – Sagtest du VOLLKOMMEN?
Melchisedek:	Ich sagte so, Herr.
Reicher Jüngl.:	Junge, v o l l k o m m e n, das war das Wort meines Auftritts. Ich hörte ihn sagen: »Vollkommen sollt ihr sein, gleich wie es mein Vater im Himmel ist.« Das war mein Stichwort, Junge. Die Stunde meines Auftritts war gefragt. Also ging ich nach vorn. Wenn man zu den Reichen gehört, findet man überall einen gangbaren Weg, bahnt man sich leicht eine Gasse, auch durch das dichteste Menschenknäuel. Aug' in Aug' mit ihm, so nahe beisammen wie du und ich, sprach ich: Meister – hörst du – Meister hab ich ihn genannt, obwohl er nur einen einfach gewebten Leinenrock trug, ich aber Kleider aus schwerem Samt und wertvoller Seide.
Melchisedek:	Muß man denn vornehm gekleidet sein, um MEISTER genannt zu werden?
Reicher Jüngl.:	Man muß es nicht. E R muß es nicht. Selbst in einem zerfetzten Soldatenmantel würde man ihn noch als Führernatur, vielleicht sogar als KÖNIG anerkennen.
Melchisedek:	Und ihr erkanntet ihn an?
Reicher Jüngl.:	Hätte ich sonst MEISTER zu ihm gesagt? MEISTER – und dann dies: VOLLKOMMEN, sagst du, vollkommen muß man sein,

Reicher Jüngl.:	um Anteil und Besitz zu erhalten am Reiche deines Vaters? Sag mir also, was ich zu tun habe.
Melchisedek:	Und er hat es euch gesagt, Herr?
Reicher Jüngl.:	Er sagt es einem nie direkt. Er will, daß man seinen Geist anstrengt und selbst nach einer Antwort sucht. Nur wenn man nicht mehr weiterkommt, hilft er nach.
Melchisedek:	Ich finde, es ist schöner, gemeinsam eine Antwort zu suchen, als sich nur befehlen zu lassen und zu gehorchen.
Reicher Jüngl.:	Von IHM nimmt man alles an. Und so frug er zurück: Welche Stelle im Gesetz scheint dir geeignet, dich auf dem Weg der Vollkommenheit weiter- zubringen? Wie liesest du?
Melchisedek:	Und ihr, Herr?
Reicher Jüngl.:	Es fiel mir nicht schwer, die Schriftstelle zu sagen, die er wohl meinte: »Du sollst nicht töten«, zitierte ich aus dem Buch der Bücher.
Melchisedek:	Und E R, Herr?
Reicher Jüngl.:	Wie hast du es damit gehalten, frug er mich. Leichten Herzens konnte ich erwidern: Ich habe zwar Sklaven, Knechte und Mägde. Da ich ihnen aber nicht das Leben gab, habe ich auch keinen Anspruch darauf, sie zu töten. Ich kann meine Hände in Unschuld waschen. Es klebt kein Blut an ihnen.
Melchisedek:	Schön, daß ihr so antworten konntet.
Reicher Jüngl.:	Ja, beglückend für mich. Drängender wurden seine Fragen, so, als strebe er einem mit Spannung erwarteten Höhepunkt zu. Wie liesest du weiter, mein Sohn? frug er. SOHN hat er mich genannt, hörst du: S O H N ! Und ich ließ es mir gefallen,

Reicher Jüngl.:	obwohl er mir nicht viele Jahre voraus haben kann. Aber vor IHM ist wohl jeder nur ein KIND.
Melchisedek:	Und wie habt ihr geantwortet, Herr?
Reicher Jüngl.:	Nicht ehebrechen sollst du und nicht stehlen. Welch eine Freude, ihm sagen zu können: Ich begehre weder die Frau eines andern noch den Besitz, der mir nicht gehört. Ich habe keinem etwas weggenommen, auch nicht in Gedanken.
Melchisedek:	Hat ihm eure Antwort genügt, Herr?
Reicher Jüngl.:	Noch ein letztes Mal frug er mich nach dem Gesetz, und ich antwortete ihm mit lauter Stimme: So du Vater und Mutter Ehre erweist, wirst du mit langem Leben gesegnet sein und dich großen Wohlstandes erfreuen. Und so konnte ich weiter sagen: Da ich von Wohlstand umgeben bin, Meister, kannst du sehen, wie gesetzestreu ich bin. Nicht nur in meinen Kindertagen, auch jetzt als Jüngling bringe ich Vater und Mutter Achtung und Ehrfurcht entgegen. Da war ein Leuchten in seinen Augen, ein Leuchten sag ich dir, Junge, daß die Tempelzinne, in gleißendes Mittagssonnenlicht getaucht, nur ein schwacher Abglanz davon ist. Der Wohlklang seiner Stimme war meinem Herzen wie das zärtliche Liebesgeflüster einer glücklichen Braut nah am Ohr ihres geliebten Bräutigams. O glückliche Stunde, da man gefragt ist, sein Gewissen zu erforschen, IHM Rechenschaft zu geben. Oh, ihm dann sagen können: Dies alles habe ich getan! Es ist, als wenn ein Schüler zum geliebten Lehrer sagt: Hör zu, ich habe die Lektion gut gelernt, die du mir aufgegeben. So, als wenn ein Lehrling zu seinem Meister spräche: Schau, ich habe das Werk vollendet, daß du mir befohlen hast. So, als wenn ein Sohn zu seinem Vater sagte: Freu dich, Vater, ich habe dein Vertrauen nicht mißbraucht, ich habe deinen Auftrag erfüllt.

Reicher Jüngl.:	Nun drang sein Blick in mich hinein, gleich wie die Abendsonne eintaucht in den See Gennesaret, wenn der Tag voll und rund geworden ist.
	Ein solches Anschauendürfen, ein solches Angeschautwerden, das bringt man nimmer los.
	Man wünscht sich, das ganze kommende Leben bestünde nur aus solch wortloser Anschauung.
Melchisedek:	Und ihr, Herr, ihr könnt traurig sein? Was fehlt euch noch?
Reicher Jüngl.:	Was mir noch fehlt? ER hat es mir gesagt: Eines fehlt dir noch – sagte der Nazarener – Um wahrhaft vollkommen zu sein: Gehe! – Verkaufe! Verkaufe a l l e s , was du hast! Gib den Erlös den Armen und dann – k o m m ! K o m m und folge mir nach!
	Seine Worte, Junge, waren wie ein ausgespanntes Fischernetz, zum Fang bereit.
	Seine Worte waren wie ein Köter an einer Angelschnur.
	Seine Worte waren wie aufgepflügtes Erdreich, bereit, das Saatgut zu empfangen.
	Seine Worte waren wie die zärtlichen Hände einer Mutter, ihr Kind zu liebkosen.
	Seine Worte waren wie die ausgebreiteten Arme eines gütigen Vaters, der seinen Erben unter geöffnetem Tor erwartet.
Melchisedek:	Und ihr, Herr, lieft ihr hinein in diese offene Tür, in diese ausgebreiteten Arme?
Reicher Jüngl.:	Ich hörte nur eines: Verkaufe alles, alles, alles! Nichts hörte ich als dies. Es war, als zöge ein gewaltiges Gewitter herauf, es war wie unentwegter Donnerschlag, wie ein schneidendes Schwert: A l l e s !
Melchisedek:	Ihr hörtet ihn doch auch sagen: K O M M !

Reicher Jüngl.:	Was zählt das kleine Wörtlein: »Komm!« wenn die Stunde gebietet, a l l e s zu lassen? Hörst du: A l l e s ! Weißt du, was das für mich bedeutet hätte? Fünf Paläste, drei Rosengärten, sieben Weinberge. Eine große Herde dickgefütterter Schafe. Den Brokat meiner Kleider und das Gold meines Schmuckes. Die weichen Polster an köstlich gedeckter Tafel. Schläuche, prall vollgefüllt mit Öl. Krüge, überströmend von Wein und kostbarer Salbe. Ach Junge, Junge, a l l e s, a l l e s sagte er ... Hätte er doch nur nicht a l l e s gesagt!
Melchisedek:	Und sein Blick, sein Wort, hatten sie keine Macht über euch?
Reicher Jüngl.:	In solch einer Stunde, Junge, denkt man nur an Verzicht. An Hergeben und Loslassen. Denkt daran, daß andere besitzen werden, was du besaßest; daß andere genießen werden, was dein Herz erfreute.
Melchisedek:	Und so seid ihr geblieben, Herr? So habt ihr alles behalten? Euren ganzen Reichtum?
Reicher Jüngl.:	So habe ich alles verloren. So bin ich zum Ärmsten der Armen geworden. Als ich mich von ihm abwandte, kehrte ich meinem Glück den Rücken zu. Sich von ihm abwenden, wenn er sich einem zugewandt hat, heißt, versagt zu haben. Heißt seinen Auftritt auf der Bühne des Lebens verpaßt zu haben. Der Vorhang schließt sich, wie sich die Wolkenwand vor die Sonne schiebt. Die Tragödie deines Lebens beginnt: Du hast alles verloren, weil du alles behalten wolltest. Du hattest Sehnsucht, vollkommen zu werden, und hast die Unvollkommenheit gewählt.

Reicher Jüngl.:	Spät, viel zu spät sieht man ein, daß es keinen größeren Reichtum gibt als IHN und seine LIEBE.

Reicher Jüngl.: Spät, viel zu spät sieht man ein,
daß es keinen größeren Reichtum gibt
als IHN und seine LIEBE.
Daß man in der Gemeinschaft mit IHM
alles tausendfach zurückbekommt,
was man um seinetwillen verlassen hat.
Junge, du aber bist noch auf Wanderschaft,
wie ich sehe.
Erzähle allen, die dir begegnen,
die Geschichte des »Reichen Jünglings«,
der so arm wurde,
daß er niemals wieder wird lachen können.
O glücklich all jene,
für die die Stunde der Entscheidung noch kommt,
denen die Begegnung mit IHM
noch bevorsteht.

Melchisedek: Ich habe fünf Gerstenbrote bei mir
von zuhause
und zwei Fische vom See Gennesaret.
Herr, wollen wir miteinander speisen?
Es ist ein einfaches Mahl.
Aber ihr könnt vielleicht dabei
eure traurigen Gedanken vergessen.

Reicher Jüngl.: Miteinander speisen, meinst du?
Einmal hörte ich IHN sagen:
»Meine Speise ist es,
den Willen dessen zu tun,
der mich gesandt hat.«
Hätte ich SEINEN WILLEN erfüllt,
müßte ich in Ewigkeit nicht mehr hungern.
Da ich versagte,
da ich ihm die Gefolgschaft verweigerte,
wird mein Hunger ohne Ende sein.

Melchisedek: So laß ich euch denn allein, Herr.
Bald ist Laubhüttenfest.
Wenn ihr nach Jerusalem geht,
um anzubeten,
und mit vielen das Paschalamm eßt,
wird vielleicht auch euer
krankes Herz gesunden.

Wasserstelle in der Wüste

Am Jakobsbrunnen

Der Junge MELCHISEDEK
hört den Bericht der
Frau am Jakobsbrunnen.

Melchisedek:	Ihr schöpft wohl Wasser, Frau!?
Samariterin:	Ich schöpfe nicht. Ich h a b e geschöpft.
Melchisedek:	Aber euer Krug ist leer!
Samariterin:	Er ist voller denn je. Er ist überströmend, wie mein Herz überströmend ist.
Melchisedek:	Schaut doch nur her, Frau: Euer Krug ist wirklich leer. Verzeiht, daß ich es frage: Ist euer Geist verworren? Fühlt ihr euch nicht wohl? Fehlt euch etwas? Kann ich euch vielleicht helfen?
Samariterin:	Mein Geist war nie so klar als heute. Besser, als es mir heute geht, ging es mir noch nie. Ich habe alles, was ich brauche. Ich habe mehr, als ich je zu hoffen wagte. Ich brauche deine Hilfe nicht, Junge. Auch nicht die Hilfe der anderen, denn mir wurde bereits geholfen.
Melchisedek:	Ich bin auf großer Wanderschaft, gute Frau. Ich bin vielen Menschen begegnet. Aber fast fürchte ich jede neue Begegnung. Einer spricht sonderbarer zu mir als der andere.
Samariterin:	Auch zu mir hat man gar sonderbar gesprochen. Aber vielleicht macht das den eigentlichen Sinn unserer Begegnungen aus. Man erhält eine völlig neue Sicht. Alles ist plötzlich in Ordnung.
Melchisedek:	Das ist es ja eben, was mich beschäftigt, gute Frau: Nichts, gar nichts scheint mehr in Ordnung zu sein. Da war eine Frau, sie hatte auch einen Krug. Er war gefüllt mit duftenden Ölen und Salben. Sie sprach mir zwar nicht davon, aber ich habe es genau gesehen und gerochen.

Melchisedek:	Man ist neugierig und wißbegierig als Junge. Ich wagte nicht zu fragen, aber mir schien, sie müßte die Fülle ihres Kruges für einen besonderen Tag aufbewahren. Noch mehr aber beschäftigt mich dies: Jene Frau war trotz ihres gefüllten Kruges nicht zufrieden, nicht glücklich. Ihr aber habt einen leeren Krug, doch eure Augen spiegeln ein Licht wider, das nur vom Glück geschenkt sein kann. Da ist doch etwas nicht in Ordnung, Frau!
Samariterin:	Da kam wohl etwas in Ordnung, Junge. Gefüllte Krüge sind leer. Leere Krüge sind gefüllt. Satte Menschen sind hungrig. Und Hungernde sind satt. ER verkündet eine völlig neue Botschaft. Aber sie hat einen guten Klang. Vielleicht wird jetzt nach ganz anderen Maßen gerechnet da E R kam ...
Melchisedek:	W e r kam, Frau?
Samariterin:	Der M E S S I A S !
Melchisedek:	Frau, Frau, wißt ihr denn, was ihr da sagt? Wenn euch jemand hört!
Samariterin:	Alle sollen es hören! Alle m ü s s e n es hören! Hier, wo du stehst, ist E R gestanden, einfach und schlicht. Als sei es das Selbstverständlichste der Welt, bat er, der J U D E, mich, die Samariterin, um einen Trunk Wasser.
Melchisedek:	Ihr träumt wohl, gute Frau. Ihr denkt wohl an den Vater Jakob, der hier in der Nähe seinem Sohn Josef sein Grundstück verschenkte. Ihr denkt an Vater Jakob, der im Traum sah, wie Engel auf- und niederstiegen.
Samariterin:	Ich träume nicht. Ich habe nicht geträumt, Junge.

Samariterin:	Nicht ENGEL sind zu mir gekommen, sondern der M E S S I A S !
Melchisedek:	Und E R , ER bat euch um einen Schluck Wasser aus dem Jakobsbrunnen?
Samariterin:	Ich sagte es dir. Und als er mein Erstaunen darüber bemerkte, daß er mit einer Frau, daß er mit mir, der SAMARITERIN, sprach, wünschte er: Frau, würdest du doch die Gabe Gottes erkennen! Wären deine Augen doch nicht gehalten zu sehen, wer es ist, der mit dir spricht. Wahrlich, Frau, du würdest mich bitten, dir lebendiges Wasser zu geben.
Melchisedek:	ER würde EUCH Wasser geben?
Samariterin:	Dein Erstaunen, Junge, war auch das meine. Und ich sagte es ihm auch. Herr, sagte ich. Herr, du hast kein Gefäß zum Schöpfen, und der Brunnen ist tief. Unser Vater Jakob machte ihn uns zum Geschenk. Er selbst trank mit seinen Söhnen und mit seinen Herden daraus. Woher hast du denn lebendiges Wasser? Bist du etwa größer, als unser Vater Jakob?
Melchisedek:	Ihr macht mich neugierig, Frau. Hat er — und wie hat er euch geantwortet?
Samariterin:	Junge, er sagte dies: Wer immer aus diesem Jakobsbrunnen trinkt, wird wieder Durst verspüren. So aber einer trinkt das Wasser, das i c h zu schenken habe, wird er nie mehr dürsten in Ewigkeit.
Melchisedek:	»In Ewigkeit?« Gibt es das denn, Frau? Habt ihr ihm das geglaubt?
Samariterin:	Obwohl ich es nicht glauben konnte — wer glaubt schon an ein solches Wunderwasser, Junge? — trotzdem bat ich also voller Neugier und Sehnsucht: Bitte, Herr, gib mir von diesem, deinem lebendigen Wasser.

Samariterin:	Es ist mühsam, täglich von der Stadt Sichar hierher zum Brunnen zu kommen, um zu schöpfen.
Melchisedek:	Sprecht weiter, Frau! Erzählt! Bitte!
Samariterin:	Ich sag's ja schon. Er setzte sich auf den Brunnenrand, sah mich an, wie mich noch nie jemand angeschaut hat, und befahl: Geh, hole deinen Mann und komme mit ihm hierher. Da hatte ich die Bescherung, Junge. Das war nun die Stunde der größten Blamage meines Lebens. Schon wollte ich den Mund auftun und erzählen, mein Mann läge krank zuhause. Aber da sah ich seinen Blick auf mich gerichtet. Junge, in solche Augen hinein kann man nicht lügen. Man bringt es einfach nicht fertig. Für mich war der Morgen der Wahrheit gekommen. Ihm, dem Fremden, gestand ich errötend: Herr, ich habe keinen Mann.
Melchisedek:	ER aber, was sagte ER dazu?
Samariterin:	Er wußte es bereits.
Melchisedek:	Er wußte es?
Samariterin:	Er weiß alles! Er schaute mich an. O, wie schaute er mich an mit einem Blick voll Mitleid und Güte. Alles und jedes tat einem plötzlich leid, was man bisher falsch gemacht hatte. Sein Wort war nicht Anklage, sondern ein liebevoller Aufruf zur Umkehr. Sehr behutsam sagte er: Du hast wahr gesprochen, Frau. Du hast keinen Mann. Fünf hattest du. Doch der, mit dem du jetzt zusammen bist, ist nicht dein Gemahl.
Melchisedek:	Und es stimmt, was er euch sagte?

Samariterin:	Alles stimmt. Die Knie wurden mir weich. Meine Füße trugen mich nicht mehr. Ich sank nieder und stammelte: Herr, o Herr, ich sehe, daß du ein großer Prophet bist. Bitte, da du alles weißt, sage mir, was richtig ist: Auf dem Berge anzubeten oder im Tempel?
Melchisedek:	Und er konnte es euch sagen, Frau?
Samariterin:	Er konnte es, wie er alles kann. Gott ist ein Geist, sagte er, und die ihn anbeten, müssen anbeten im Geiste und in der Wahrheit.
Melchisedek:	Habt ihr das verstanden, gute Frau?
Samariterin:	Ich verstand es nicht. Deshalb sprach ich zu ihm: Herr, ich weiß, daß der MESSIAS kommen wird. Und kommt er, wird er uns alles verkünden, was und wie es recht ist.
Melchisedek:	Diese Stunde erleben dürfen, Frau!
Samariterin:	Ich habe sie erlebt. Als sei es die schlichteste Tatsache, die er ausspräche, sagte er mir: Frau, ICH BIN ES, der mit dir redet.
Melchisedek:	Der MESSIAS! der MESSIAS! Frau, Frau, bitte, gebt mir zu trinken. Der Mund ist mir trocken. Die Kehle wie zugeschnürt. Hier, nehmt die fünf Brote, nehmt meine zwei Fische. Aber bitte, bitte, gebt mir zu trinken.
Samariterin:	Du hörtest doch, daß er sagte, daß dieses Wasser hier den Durst nicht wirklich stillt. Du bist noch sehr jung. Du hast kraftvolle Füße und einen trainierten Körper. Geh, Junge, GEH! Vielleicht holst du ihn ein. Vielleicht will er von dir eingeholt werden,

Samariterin:	da du gerade heute hierher zu diesem Brunnen kommst.
Melchisedek:	Ach Frau, immer, wohin ich auch komme, immer ist er mir einen Schritt voraus.
Samariterin:	Er ist uns wohl allen, er ist uns wohl immer viele Schritte voraus. Als ihn seine Jünger suchen kamen – sie wunderten sich zu sehen, daß er mit mir, einer Samariterin, im Gespräch war –, ging er ihnen voran in die Stadt. Sie konnten kaum Schritt mit ihm halten. Es war, als schritte er erhobenen Hauptes einem Hügel zu, um dort als König sein Reich zu gründen.
Melchisedek:	Habt Dank, Frau. Ich will nicht länger weilen. Ein BRUNNEN ist viel. Die QUELLE ist wohl mehr. Vielleicht wird er auch mir den Krug meines Lebens füllen, damit ich niemals mehr dürsten muß in Ewigkeit.

Die Landschaft, in der Johannes der Täufer wirkte

Johannes der Täufer

Der Junge MELCHISEDEK
läßt sich von
JOHANNES DEM TÄUFER
sagen,
daß es sich lohnt,
Jesus zu suchen.

Melchisedek:	Bist du es, der mich gerufen hat?
Johannes:	Ich habe dich nicht gerufen, denn ich kenne deinen Namen nicht. Man kann nur einen rufen, dessen Namen man kennt.
Melchisedek:	Bist du nicht JESUS, den sie den Nazarener nennen?
Johannes:	Ich bin n i c h t J e s u s. Ich bin nicht einmal wert, seine Schuhriemen zu lösen.
Melchisedek:	Du kennst ihn also? Du hälst ihn für den Größeren? Obwohl man sich so Großes von dir erzählt.
Johannes:	Ich kenne ihn. Und ich diene ihm, weil ich ihn l i e b e. Vielleicht auch l i e b e ich ihn, weil ich ihm d i e n e. Ich halte ihn nicht nur für einen GRÖSSEREN als mich selbst, ich weiß: ER i s t der G R Ö S S T E. Und Größeres gibt es für keinen von einem Weib Geborenen als dies, dem GRÖSSTEN zu d i e n e n.
Melchisedek:	Und glaubst du, daß ER, der GRÖSSTE, mich kleinen Jungen gerufen haben könnte?
Johannes:	Er ruft d e n, den er w i l l. Viele sind g e r u f e n, viele sind b e r u f e n, wenige aber auserwählt.
Melchisedek:	Du siehst, ich bin fast noch ein Kind. Mein Leben zählt noch nicht einmal zwei Jahrzehnte.
Johannes:	ER, von dem du glaubst, daß er dich gerufen hat, sagt: »Lasset die KLEINEN zu mir kommen.«
Melchisedek:	Und weißt du, wo ich IHN finde, da du IHN k e n n s t, da du IHN l i e b s t, da du IHM d i e n s t?
Johannes:	Da ich ihn kenne, da ich ihn liebe, da ich ihm dienen darf, kann ich es dir sagen:

Johannes:	Er ist dort, wo man ihn b r a u c h t. Und wenn du nur erst bei ihm bist und ihn gefunden hast, wird man auch dich brauchen. Brauchen und gebrauchen, gebrauchen und verbrauchen.
Melchisedek:	Du sprichst gar große Worte, und die Leute strömen dir zu. Bitte, kann ich nicht bei dir bleiben?
Johannes:	Wer seinem Ziel entgegengeht, darf nicht auf halbem Wege stehen bleiben. Was nützt dir ein Bach, wenn dir das M e e r bestimmt ist? Was schenkt dir das Beisammensein mit einem M e n s c h e n, wenn dich ein G O T T erwartet? Was kann dir die Stimme eines R u f e n d e n sein, wenn E R, der d a s W o r t ist, dich selbst gerufen hat?
Melchisedek:	Es geht ein Leuchten von dir aus, das ist schöner als der Sterne Schein. Es wärmt so, als stünde man in glühendem Sonnenlicht.
Johannes:	Das L I C H T ist ER! Ich habe nur Zeugnis davon zu geben. Deshalb hat meine Mutter mich geboren, zu bekunden, daß E R das L i c h t ist. Ich möchte es lautstark hineinrufen in alle Welt, hineinschreien in alle Herzen: Erkennt ihn doch. So erkennt ihn doch! Schon ward das Wort im Fleische geboren, schon trat ER ein in die Welt, die sein Eigentum ist. Warum nur nehmt ihr ihn nicht auf, da ihr doch die Seinen seid?
Melchisedek:	Wie kann man deine Donnerstimme überhören?
Johannes:	Junge, es müßten wohl viele sein, die Zeugnis von dem Lichte geben. Vielleicht wirst auch du ihn einmal als Licht bekunden.

Melchisedek:	Ich? Ich, der Junge Melchisedek? O Herr, es ist viel Dunkelheit in der Welt. Auf meiner Wanderschaft habe ich dies erfahren. Es ist eine andere Dunkelheit als jene, die sich auf den See niedersenkt, wenn es Nacht wird. Es ist die Dunkelheit der Schuld, es ist die Dunkelheit jener, die versagten, als er sie anschaute, als er sie rief.
Johannes:	Nicht alle begreifen das Licht, um davon ergriffen zu werden.
Melchisedek:	Bitte, kannst du mir dies deuten: Warum stehen die einen auf, und andere bleiben zurück? Warum werden die einen sehend, und andere bleiben blind?
Johannes:	Er ist nicht nur das große LICHT, er ist auch die WAHRHEIT. Keiner, der nicht bereit ist, sein heuchlerisches Tun aufzugeben, sein Pharisäertum zu beenden, wird das Licht der Wahrheit erhalten. So werden die einen durch ihn a u f s t e h e n , andere aber noch tiefer f a l l e n . O, daß wir kein Ärgernis an ihm nehmen! Daß wir nicht irre werden an I H M, an seiner L e h r e , an seinem L e b e n , an seiner L i e b e !
Melchisedek:	Wie sehr mußt du sein Freund sein, da du ihm immer wieder neue Freunde gewinnen willst. Niemanden behälst du für dich. Alle führst du zu IHM.
Johannes:	Das ist ja der Sinn jeglicher Freundschaft, sich mitzufreuen, wenn der Freund die Braut hat.
Melchisedek:	Ich werde noch viel lernen müssen, um sein Freund zu sein.
Johannes:	Man muß v i e l l e r n e n , um l i e b e n zu können...

Johannes:	Aber es gibt nichts Schöneres,
	als sein ZEUGE zu sein,
	ihm die Wege zu bereiten.
	Ja, ER sclbst ist W e g!
	IST d e r W e g!
	Es gibt keinen anderen,
	keinen gangbaren,
	keinen möglichen Weg zum Heil
	als IHN: J E S U S!
	Und da du zu ihm unterwegs bist,
	bist du eigentlich schon bei ihm.
	Du gehst auf ihn zu.
	Du gehst a u f IHM.
	Du gehst ü b e r IHN
	mitten hinein in dein Glück.
Melchisedek:	Was du mir kundtust,
	ist schwer zu begreifen.
	ER ist WEG und ZIEL zugleich?
Johannes:	Dies zu verstehen,
	IHN zu verstehen,
	ist einfach und schwer,
	so wie es die LIEBE ist.
Melchisedek:	Manches Mal frage ich mich selbst,
	warum ich überhaupt aufgestanden bin,
	als ER mich r i e f.
	Warum ich einfach losging,
	ohne zu wissen wohin.
	Manches Mal sage ich mir,
	ich sei ein Narr, ich sei ein Tor...
	Manches Mal ist mir,
	ich gehe nur im Kreise um mich selbst
	herum.
	Manches Mal habe ich Angst,
	ich könnte in einen tiefen
	Abgrund stürzen und dort
	zerschmettert liegen bleiben
	wie eine aus der Hand gefallene Laterne.
Johannes:	Sei ohne Furcht!
	Solche Angst, solche Sorge
	macht unser VERTRAUEN nur größer,
	unsere LIEBE reifer,
	SEINE MACHT sichtbarer und erfahrbarer.
	Wir, die gerufen sind,
	können nur in SEINE Hände fallen.
	Und Besseres kann uns nicht widerfahren.
	Willst du mit mir b e t e n,
	wie uns die Psalmisten
	zu beten gelehrt haben?

Johannes:	Beten für dich und mich? Beten für alle, die seinen Ruf hörten und die unterwegs sind zu ihm?
Melchisedek:	Ja Herr, ich will es.
Johannes:	Seinen Engeln hat er befohlen um deinetwillen,
Melchisedek:	sie sollen dich behüten auf allen deinen Wegen.
Johannes:	Sie werden dich tragen auf ihren Händen,
Melchisedek:	so wird dein Fuß nicht stoßen an einen Stein.
Johannes:	Sättigen will ich ihn mit langem Leben,
Melchisedek:	und ich will ihm erweisen mein Heil.
Johannes:	Junge, ER nur ist das HEIL! Er ist WEG und WAHRHEIT. Er ist nicht nur dies. Er ist auch das LEBEN! Und müßte ich im tiefsten Kerker schmachten, trüge ich Ketten und Fesseln um seinetwillen, ja, würden sie meinen Leib töten, mich um meinen Kopf kleiner machen, ... wenn nur ER w a c h s e n darf! Wenn alle, alle seine GRÖSSE erkennen und anerkennen. Wenn sie das steinige Ackerland ihrer harten Herzen umpflügen lassen und begreifen, daß ER das LAMM ist, das alle Schuld hinwegnimmt, dann hat sich das Wagnis meiner Zeugenschaft für ihn, dann hat sich das Abenteuer meines oft schweren und einsamen Wüstenlebens reichlich gelohnt. Mein sehr junger Bruder! Werde nicht müde! Gib nicht auf! Geh weiter! Denn so sagt er zu denen, die alles hinter sich ließen, um sich auf den Weg zu ihm zu machen: Suchet – und ihr werdet finden! So gehe und verweile nicht!

Johannes:	Denn schon ist er dein Schicksal geworden. Und einmal wird er das Glück deines Lebens und deiner Ewigkeit ausmachen.
Melchisedek:	Ich danke dir, daß du mir so geholfen hast. Ich danke dir, daß du mich nicht festzuhalten versuchst. Ich danke dir, daß du mich B r u d e r nennst. Wie nur kannst du mich BRUDER nennen, da du mich nicht kennst?
Johannes:	Da ER dich kennt, sind wir in ihm verschwistert.
Melchisedek:	Doch darf ich wissen, bevor ich von dir gehe, wie du heißt?
Johannes:	J o h a n n e s ist mein Name.
Melchisedek:	J o h a n n e s — das klingt schön!
Johannes:	J E S U S klingt schöner!
Melchisedek:	Ich heiße M E L C H I S E D E K.
Johannes:	Danke, daß du es mir sagst. MELCHISEDEK ist wie eine Verheißung. Wie die Verheißung einer österlich gedeckten Tafel. Wie die Verheißung eines Brotes, das sättigt, eines Weines, der tränkt in alle Ewigkeit.
Melchisedek:	Bruder du, deine Gestalt ist hager und dein Gesicht wie ausgebrannt. Man gab mir fünf Gerstenbrote mit auf den Weg, und außerdem schenkte man mir auch noch zwei Fische. Laß uns also teilen.
Johannes:	Nun weiß ich wirklich, daß du ein Gerufener bist, ein von IHM Berufener. Denn wer teilt, der liebt. Und Liebe ist sein Hauptgebot, das er den Seinen bis zur letzten Konsequenz vorlebt.

Johannes:	Doch nimm deine Brote mit auf den Weg deiner Wanderschaft, und auch deine Fische. Ich habe Wurzeln und wilden Honig genug, um meinen Hunger zu stillen. Wessen Hunger ER stillen wird mit deinem Brot, mit deinem Fisch, ist SEINE Sache. Glaube und vertraue! Vertraue und liebe! Geh, um von IHM d i e Liebe zu lernen, die alles Begreifen übersteigt. Jene Liebe, die alles verschenkt, bis die Hände ganz leer geworden sind vom eigenen Ich.
Melchisedek:	Leb wohl denn, mein BRUDER!
Johannes:	Leb wohl und vergiß nicht: Der Weg lohnt sich um des Zieles willen, auch wenn er noch so steil und steinig würde, auch wenn er dich, wie mich, in die Wüste führt.

Schafherde in der Wüste Juda vor Jericho

Der Hirte

Der Junge MELCHISEDEK
erfährt von einem Hirten,
daß er bald am Ziel seines
Wanderweges ist.

Melchisedek:	Ihr seid wohl ein Hirte, Herr?
	Doch sagt, wo lagert eure Herde?
Hirte:	Sie ist zurückgeblieben in der Wüste.
Melchisedek:	Ihr ließet eure Schafe in der Wüste?
Hirte:	Wie konnte ich anders tun,
	da ER sagte,
	seinen Blick auf mich gerichtet:
	Der ist der g u t e Hirte:
	Er besitzt hundert Schafe,
	und er läßt neunundneunzig
	davon in der Wüste, so sich eines
	hat verlaufen und gehet
	zu suchen, was verloren ist.
	So m u ß ich gehen,
	mein verlorenes Schaf zu suchen
	und, wenn es in die Dornen fiel,
	es aus den Dornen zu befreien.
Melchisedek:	Neunundneunzig Schafe sind viel, Hirte!
	Eines aber ist wenig.
Hirte:	Früher dachte ich wie du, mein Sohn.
	Aber inzwischen wurde mein Wertdenken
	korrigiert. Von I H M korrigiert.
	Wer weiß,
	vielleicht ist es gerade diesem,
	meinem Schaf bestimmt, zum Laubhüttenfest
	als Paschalamm gegessen zu werden.
Melchisedek:	Ihr scherzt, Hirte.
	Das v e r l o r e n e Schaf
	ein Paschalamm?
	Ausgerechnet jenes,
	das euch davonlief?
Hirte:	Das mir davonlief
	und das ich zurücktragen werde
	in den Schafstall.
	Warum sollte das ZURÜCKGELIEBTE
	nicht bevorzugt sein?
Melchisedek:	Euer Glaube ist kühn, Hirte.
Hirte:	Man wird kühn,
	wenn man IHN gesehen hat.
	Man wagt das scheinbar Unmögliche.
	Man besinnt sich auf Treue
	in seinem Beruf. — Mehr noch:
	Man nimmt seinen Beruf
	als BERUFUNG.

Hirte:	So Aug' in Aug' mit Ihm, glaubte ich fast, wir seien verschwistert. Er selbst sei auch ein Hirte, der, wie ich meine Schafe zu mir, die Menschen zu sich ruft. Dann wieder ist mir, wenn er voll Demut und Sanftmut auf die Angriffe seiner Gegner antwortet, er wäre nicht HIRTE, sondern LAMM; ein Sündenbock, auf den sie alle ihre Rechthaberei, ihren Größenwahn, ihre Verlogenheit und ihre Geilheit werfen, damit ER, schuldlos, mit fremder Schuld belastet, den Tod erleiden solle.
Melchisedek:	Ihr seid ein Hirte. Und Hirten haben viel Zeit zum Denken und Überlegen. Könnt ihr mir sagen, warum nun plötzlich alle Rechnungen nicht mehr aufgehen? Warum unsere Gesetze umgestoßen sind?
Hirte:	Nicht die Gesetze sind umgestoßen, mein Sohn. Umgegraben wird das Land unseres Herzens und Denkens. Die Gesetze hören nicht auf. Sie erhalten nur einen neuen, einen tieferen Sinn. Ich hörte IHN gestern sagen: Wenn dir einer auf die rechte Wange schlägt, dann halte ihm auch die linke hin.
Melchisedek:	Heißt es denn nicht mehr: »Aug' um Aug', Zahn um Zahn?«
Hirte:	So sprach ER weiter: Selig seid ihr, so ihr friedfertig seid. Kinder Gottes werdet ihr heißen. Selig jene, deren Augen weinen und die Trauer tragen im Herzen. Wahrlich, sie werden voll des Trostes sein.

Hirte:	Selig sind jene, die in Barmherzigkeit sich und ihre Habe an andere verschenken. Sie werden barmherzig Beschenkte sein. Und den Gott unserer Väter werden schauen, die da ein reines Herz haben. Selig sind sie! Wahrlich, wahrlich, ich sage euch: Aus den Synagogen werden sie euch weisen, aus eurem Land euch vertreiben. Auf öffentlichen Marktplätzen wird man lautstark euch zu töten begehren. Doch selig seid ihr, um meinetwillen Verfolgte, denn es wird euch Gerechtigkeit widerfahren von dem Richter über Lebende und Tote.
Melchisedek:	Von dem ihr sprecht, es kann doch nur der Nazarener sein, JESUS mit Namen.
Hirte:	Du sagst es. E R i s t e s!
Melchisedek:	Und gestern erst habt ihr mit ihm gesprochen?
Hirte:	Ich sprach nicht mit ihm. ER sprach zu m i r.
Melchisedek:	Dann kann er nicht allzuweit von hier sein. Bin ich also am Z I E L?
Hirte:	Mein Sohn, du suchtest ihn als ZIEL?
Melchisedek:	Als Ziel meines Wanderweges.
Hirte:	Vielleicht wird er dir m e h r – vielleicht wird er dir sogar zum Ziel deines LEBENS. Wenn du, so jung noch, den Mut aufbrachtest, dich auf den Weg zu machen, auf den Weg um seinetwillen, dann hast du vielleicht auch Kraft, bei ihm auszuharren.

Melchisedek:	Ihr glaubt, ER könnte m i c h annehmen?
Hirte:	Er nimmt j e d e n an, der angenommen sein will.
Melchisedek:	Auf meiner Suche traf ich einen, der traurig war. Er wollte gern zu Jesus gehören, aber er konnte sich nicht trennen von dem, was man REICHTUM nennt.
Hirte:	Vielleicht nimmt er nur jene an, die l e e r e Hände haben; denn in seiner Seligpreisung gestern sagte er auch dies: Selig, die arm sind. Arm in ihrem Denken und in ihrem Begehren. Sie werden die Besitzenden des himmlischen Reiches sein.
Melchisedek:	L e e r e H ä n d e, sagt ihr, Hirte?
Hirte:	Ich sagte so, mein Sohn.
Melchisedek:	Dann bitt' ich euch, dies von mir anzunehmen. Fünf Gerstenbrote sind es von zuhause. Meine Mutter gab sie mir unter Tränen mit als Wegzehr auf den Weg. Und hier, diese zwei Fische! Am See Gennesaret schenkte sie mir ein Fischer, der alle seine Freunde an Jesus verlor. Nehmt, Herr, nehmt! Damit ich das letzte Stück meiner Wanderschaft mit leeren Händen beende.
Hirte:	Die Gaben, die du hast, meint er nicht mit Reichtum und Besitz.
Melchisedek:	So wollt ihr meine Brote und meine Fische nicht? Wie sonderbar... Jeder, dem ich sie unterwegs anbot, lehnte ab.
Hirte:	Vielleicht sollst du sie bewahren für I H N! Vielleicht wird ER mit dir das Brot brechen und den Fisch essen, wenn er dich sieht.

Melchisedek:	Wird ER mich denn sehen? Man sagt, zu Tausenden seien sie IHM gefolgt, seine Worte zu hören.
Hirte:	Er sieht, wen er sehen will. Er sah auch m i c h, als er vom Hirten sprach. Er w i r d dich sehen, mein Sohn.
Melchisedek:	ER wird mich sehen? Ich werde IHN sehen? – Aber was werde ich IHM sagen?
Hirte:	Man erzählt sich, er hätte zu seinen Freunden also gesprochen: Selbst wenn man euch vor Könige und Statthalter bringt, bedenkt nicht ängstlich, was ihr sagen und wie ihr antworten sollt. Ihr werdet allen Rede und Antwort stehen, wenn es die Stunde fordert.
Melchisedek:	Wenn es die Stunde fordert ...
Hirte:	Geh weiter, mein Sohn! Unsere Wege trennen sich. Du gehst zu J e s u s. Ich gehe zu meinem L a m m. Und doch ist mir, wir gingen beide in gleicher Richtung.
Melchisedek:	Das L a m m, sagt ihr, Hirte? .. Ich traf einen, der sein Freund ist, und er nannte ihn auch so: das L a m m !
Hirte:	Er ist so sanft wie mein bestes Lamm. Und allen, die sanften Mutes sind, versprach er das Land.
Melchisedek:	Wie sonderbar: Er ist WEG und ZIEL zugleich. Er ist HIRTE und LAMM. Mich hungert nach IHM, wie es wohl unsere Väter hungerte nach dem Paschalamm, als der Herr vorüberging. Mich hungert danach, so zu sein, wie ER wünscht, daß ich sein soll: friedfertig und sanftmütig, reinen Herzens und arm im Geist. Barmherzig,

Melchisedek:	unter Tränen lachend und voll guten Mutes, würde man mich um seinetwillen verfolgen.
Hirte:	Also hungerst und dürstest du nach Gerechtigkeit. Und er wird dich sättigen. Er wird deinen Durst stillen, denn er ist w a h r h a f t in seinem Wort.
Melchisedek:	Ist es noch weit bis zur Wüste?
Hirte:	Du meinst, ob es noch weit ist zu I H M. Wo E R ist, gibt es keine Wüste. Nur Oasen, bei denen man verweilen möchte ein Leben lang.
Melchisedek:	Dank euch! Ihr habt mir gut gesprochen, Hirte. Und wenn wir uns wieder einmal begegnen, werde ich euch erzählen, was er mit Brot und Fischen tat.
Hirte:	Wenn wir uns wieder begegnen, wirst du ein ANGENOMMENER sein. Und mehr kannst du, mein Sohn, mehr kann einer wohl kaum erwarten.

Blick vom Ort der Brotvermehrung in Tabgha zum Berg der Seligpreisungen

Der Jünger Zachäus

Der Junge MELCHISEDEK
hört von ZACHÄUS
vom Hunger Tausender.

GEBT IHR IHNEN
zu essen!

Zachäus:	Heda! Du, Junge, d i c h meine ich! Du hast zu essen bei dir, wie ich sehe.
Melchisedek:	Ja, Herr. Es ist zwar nicht viel! Nur fünf Gerstenbrote und zwei Fische. Aber ich teile herzlich gerne mit euch. Für uns beide wird es wohl reichen, und ich überlaß euch schon den größeren Teil.
Zachäus:	Für uns beide wird es reichen. Ha! Siehst du die Menschenmenge? Sie zählt nach Tausenden. Und jeder ist hungrig, denn seit Tagen schon halten sie hier aus und wollen immer noch mehr von unserem Meister hören.
Melchisedek:	Ist der dort oben auf dem Hügel euer Meister? Gehört ihr zu ihm? O, ihr Beglückten! O, ihr Glücklichen!
Zachäus:	Ich gehöre zu ihm. Aber heute kann ich ihn, heute können wir alle ihn nicht verstehen. Wir sagten, er möge die Leute nach Hause schicken, da kein Essensvorrat mehr vorhanden ist. Sonst gibt es hier eine Katastrophe. Eine Katastrophe sage ich dir, Kleiner. Umfallen werden sie, als hätte David seine Kieselsteine gegen sie geschleudert.
Melchisedek:	Und warum schickt er sie nicht fort, euer Meister? Man sagt doch, er hätte ein gar gutes Herz.
Zachäus:	Das ist es ja gerade. Manchmal kann man ihn einfach nicht verstehen. Aber man kommt nicht mehr von ihm los.
Melchisedek:	Man kommt nicht mehr von IHM los... Und was wird er tun, euer Meister? Was meint ihr?
Zachäus:	Verrückte Dinge sprach er zu uns: Gebt I H R ihnen zu essen!

Zachäus:	W i r ! Hörst du, Knabe? W i r sollen diese Tausende da speisen. Selbst wenn unsere Kasse, die Judas verwaltet, überströmen würde von Denaren, nie und nimmer reichte das aus, Brot zu kaufen für alle. W i r !!! Begreife, wer es kann! WIR sollen denen da zu essen geben.
Melchisedek:	Wenn ihr ihm meine fünf Brote und meine zwei Fische bringen wollt, ich überlasse sie ihm gerne. Zwar liegt ein weiter Weg hinter mir, und trotzdem verspüre ich keinen Hunger.
Zachäus:	Du scheinst mir nicht weniger von Sinnen zu sein als der Meister. F Ü N F Brote und Z W E I Fische, daß ich nicht lache!
Melchisedek:	Ist denn keiner unter den vielen, der noch etwas hat? Wenn wir alle zusammenlegen würden …
Zachäus:	Hör auf! Wir sind schon alle Reihen abgegangen. Jeder hat schon seit Tagen alles aufgegessen. Du bist der einzige, der etwas hat. Ich entdeckte dich erst jetzt.
Melchisedek:	Ihr konntet mich nicht früher seh'n, denn ich bin eben erst angekommen.
Zachäus:	Dann mach dich nur gleich wieder auf den Heimweg, bevor man dir das Wenige abnimmt, und sei froh, daß du nicht auch den Hungertod sterben mußt, wie wohl viele hier.
Melchisedek:	Ich soll g e h e n, da ich eben erst a n k a m? Ich soll nach Hause, wo ich mich hier in SEINER Nähe so ganz zuhause fühle…

Melchisedek:	Nehmt mein B R O T !
	Nehmt meinen F I S C H !
	Ich bitte euch gar sehr:
	Bringt es eurem Meister.
	Wenigstens ER soll,
	er darf nicht hungern.
Zachäus:	Da kennst du ihn schlecht,
	unseren Chef.
	Er ist der letzte, der essen würde,
	solange andere hungern.
	Doch wenn du darauf bestehst,
	kann ich ihm ja sagen,
	was du bei dir hast,
	und was du ihm schenken willst.
	Komm ein wenig weiter mit hügelan.
Melchisedek:	Bitte, sagt ihm nicht nur,
	daß ich BROT und FISCH habe,
	sondern auch GRÜSSE:
	Grüße von einem,
	der alle seine Freunde an ihn verlor.
	Grüße von einem, der traurig ist,
	da er seine Güter nicht eintauschen
	wollte für seine Nähe.
	Grüße von einem,
	den sie JOHANNES DEN TÄUFER nennen.
	Grüße von einer Frau,
	der er lebendiges Wasser versprach.
	Grüße von einer Frau,
	die sie MARIA von MAGDALA nennen
	und die ihm so gerne dienen möchte,
	würde sie sich nicht jener Taten schämen,
	von denen sie sagt, daß ich sie noch nicht verstehe.
Zachäus:	Vor IHM braucht man sich n i c h t
	zu schämen, wenn man b e r e u t.
	Ich sage dir das aus Erfahrung.
	Ich selbst habe mich vor Scham und
	Neugierde auf einen Baum geflüchtet.
	Und was glaubst du, Junge?
	Ausgerechnet in dem Moment, da er am
	Baum vorbeiging, schaute er nach oben,
	als hätte ich ihn gerufen.
	Aber ich schwöre dir:
	Ich habe mich ganz still verhalten.
	I c h habe n i c h t gerufen.
	Doch E R rief m i c h !
	ZACHÄUS, sagte er,
	mach schnell, daß du herunterkommst.

Zachäus: Ich will in dein Haus!
Ich will zu D I R !
N e i n ! rief ich.
Nein, Herr!
Du verwechselst mich mit einem anderen.
Ich heiße zwar ZACHÄUS,
aber ich bin ein Zöllner.
Du kannst nicht zu mir wollen.
Er aber:
Als ob ich nicht wüßte,
w e r du bist.
Ich will zu k e i n e m
a n d e r e n Zachäus.
Ich will zu Zachäus, dem Zöllner.
War das ein Tag, Junge!
War das ein Tag!
Nie, niemals mehr vergißt man im
Leben d i e Stunde, da man von
I H M g e r u f e n wird.
Da ER kommt, unser GAST zu sein.
Wir saßen bei Tisch...
Ach was!
Ich rede und rede!
Gib mir das BROT!
Gib mir den FISCH!
Ich gehe zu ihm.

Melchisedek: Was ich solange trug in m e i n e r
Hand,
wird nun in S e i n e n Händen liegen.
Was wird ER damit beginnen?
Wie kann ich nur fragen?!
Was immer E R damit t u t ,
ist r e c h t
und g u t !

PRIESTER
sollst Du sein in Ewigkeit!

Wir danken Dir,
daß DU uns berufen hast
vor DIR zu stehen
und DIR zu dienen

Der Junge MELCHISEDEK
ist am Ziel,
das zugleich
Anfang ist.

Zachäus:	Du, Knabe, heda! Wach doch auf! Wie kannst du nur schlafen?
Melchisedek:	Hab' ich geschlafen? Verzeiht! Mein Weg war weit.
Zachäus:	Du hast a l l e s verschlafen! Du hast ein W u n d e r verschlafen!
Melchisedek:	Hat ER meine Brote angenommen? Nahm ER meine Fische?
Zachäus:	Das fragst du noch, Junge? Sieh, wie die Leute in die Hände klatschen. Hör', wie sie rufen und schreien, daß sie IHN, unseren Meister, zu ihrem König machen wollen.
Melchisedek:	Wie ist das nur geschehen?
Zachäus:	Junge, Junge. Das war seine größte Masche bisher. Hätte ich es je bereut, ihm gefolgt zu sein, von dieser Stunde an wird es nie mehr geschehen… Ich brachte ihm deine Gaben. Er segnete sie, lächelte dir zu und befahl uns, anzufangen und auszuteilen. Keiner von uns wußte so recht, in welche Richtung er gehen sollte. Wir waren überzeugt, es würde ein Streit anheben um deine BROTE, um deine FISCHE. So etwas Verrücktes war uns bisher noch nicht abverlangt worden.
Melchisedek:	Und w e r bekam schließlich meine Gaben?
Zachäus:	W e r? J e d e r ! J e d e r ! Schau doch, wie sie lachen! Wie ihre Augen gerötet sind vor Freude und Sattsein. Junge, daß du solches versäumt hast!

Zachäus:	Ausgerechnet deine Brote, deine Fische haben Viertausende gesättigt. Und das Tollste weißt du vielleicht auch noch nicht: Zwölf große Körbe voll haben wir noch eingesammelt an übriggebliebenen Stücken. Das war viel, viel mehr, als du verschenktest.
Melchisedek:	Ich glaube, man bekommt immer mehr geschenkt, als man gibt.
Zachäus:	Man meint, du hättest schon von ihm gelernt. Deine Worte haben Gewicht. Und du bist nicht einmal traurig darüber, daß du ein WUNDER verschlafen hast.
Melchisedek:	Ein WORT von IHM gilt mir mehr als ein Bissen Brot.
Zachäus:	Ein Wort von ihm? Er läßt dir eines sagen, er läßt dir etwas bestellen: Du sollst dich zum Osterfest am Maulbeerbaum des Stadttores von Jerusalem aufhalten. Du würdest dort einen Mann finden, der einen ESEL hat. Und wenn zu diesem Eselstreiber zwei von uns kämen, ihm zu sagen: »Der Herr bedarf seiner!«, dann sei auch d e i n e Stunde gekommen. Dann wolle er mit dem Esel auch Dich in seinen Dienst nehmen.
Melchisedek:	M i c h ? Den Knaben MELCHISEDEK in SEINEN D i e n s t? In s e i n e n D i e n s t ?! O, daß ich IHN r u f e n hörte in der N a c h t ! Daß ich a u f s t a n d in der N a c h t ! Daß ich f o r t g i n g am M o r g e n von Eltern und Elternhaus!

Melchisedek:	Daß ich zur M i t t a g s- s t u n d e nicht verweilte bei meinen Freunden und mir lieben Menschen. Daß ich, ohne den Weg zu wissen, einfach gegangen bin ... Der HERR b e d a r f m e i n e r ! O ich glücklich Gerufener! O ich begnadet Berufener! Daß ich a u f s t a n d, Da ER mich rief! Daß ER mir AUSDAUER schenkte, wenn der Weg steil war. Und daß ER meine L I E B E f r a g l o s machte... Daß ich begnadet wurde, IHM n i c h t s zu v e r w e i g e r n ... Zum OSTERFEST sagtet ihr?
Zachäus:	Ich sagte so. ER sagte so. Und außerdem noch dies: Es sei der Dank dafür, daß du dich n i c h t v e r w e i g e r t hast.
Melchisedek:	Daß ich mich n i c h t v e r w e i g e r t habe...
Zachäus:	Er meinte da wohl deine F I S C H E und dein B R O T .
Melchisedek:	Er meinte es a n d e r s ... Ich weiß, o ich weiß. Aber man kann IHM ja nichts verweigern!
Zachäus:	Man kann ihm nichts verweigern.
Melchisedek:	Nicht das BROT und nicht den FISCH. Nicht seinen BESITZ und nicht sein ZUHAUSE. Nicht seine ELTERN und nicht seine FREUNDE. Auch nicht den g e l i e b t e s t e n Menschen. Man kann IHM nichts verweigern. Auch nicht sich selbst... Sag deinem Meister ich sei bereit, mich IHM auszuliefern, ich sei bereit, mich IHM zu überliefern.

Melchisedek:	Sage deinem Meister:
	ich bin b e r e i t,
	was er auch immer befiehlt.
	Sage deinem Meister:
	ich bin b e r e i t
	für m e i n e S t u n d e.
Zachäus:	Du wirst es nie b e r e u e n,
	wie wir es nicht bereut haben.
	Dieser Tag, diese Stunde
	wird einmal das Glück
	deiner Ewigkeit ausmachen.
	Von nun an wird es in deinem Herzen
	unaufhörlich singen:
	»ICH DANKE DIR,
	DASS DU MICH BERUFEN HAST,
	VOR DIR ZU STEHEN
	UND DIR ZU DIENEN!«
Melchisedek singt:	Amen! Alleluja!
Chor singt:	Amen! Amen!
Melchisedek singt:	Alleluja! Alleluja!
Vorsänger:	Wir danken dir, daß du uns berufen hast,
	vor dir zu stehen und dir zu dienen.
Chor:	Amen! Amen! Alleluja!
Vorsänger:	Priester wirst du sein,
	heute und ewig,
	nach der Ordnung des MELCHISEDEK.
Chor:	Amen! Amen! Alleluja!
Vorsänger:	Ich habe dich erwählt
	und dich gerufen:
	Zeugnis sollst du geben
	bis an der Erde Grenzen!
Chor:	Adsum! Adsum! Amen!
Vorsänger:	Gestern noch warst du SKLAVE
	und KNECHT.
	Heute aber nenne ich dich FREUND.
Chor:	Amen! Amen! Adsum! Amen!
Vorsänger:	Wir danken dir, daß du uns berufen hast,
	vor dir zu stehen und dir zu dienen.
Chor:	Adsum! Amen! Alleluja!

Im gleichen Verlag erschienen:

G.A. Ulmer:
Vom wahren Sinn des Lebens

Die Frage nach dem wahren Sinn des Lebens stellt sich heute brennender denn je. Die Menschheit steht vor den Gefahren einer Vernichtung durch nukleare, chemische und biologische Waffen, großer Umweltkatastrophen, der Hungersnot, der Umwelt- und Inweltvergiftung.
Gibt es in dieser beängstigenden Lage überhaupt eine Aussicht auf Befreiung? In diesem Buch wird anhand biblischer Beispiele der Versuch unternommen, ein Modell für ein neues Denken zu zeigen, das ökumenisch und ökologisch sein muß und die Grundlage für eine Zukunft des Friedens bietet.

Format 21,5 × 13,5 cm, brosch. 128 Seiten mit 17 Abb. − ISBN 3-92419-03-4

DM 16,80

G.A. Ulmer:
Der Herr ist mein Hirte

Der 23. Psalm gewinnt in der heutigen Zeit angesichts der ernsten Bedrohung unseres Lebens sowie der ganzen Schöpfung besondere Bedeutung. Er vermittelt Glauben und Zuversicht und gibt Gewißheit von der Gegenwart und Fürsorge des guten Hirten.

Format 14,5 × 16,0 cm, geb. mit 18 Farbaufnahmen aus dem Heiligen Land.
ISBN 3-924191-06-9

DM 14,80

G.A. Ulmer Verlag, Postfach 1206, 7036 Schönaich